Lasst ihr euch jetzt scheiden?

Jmmer weißt du alles besser!

Jst das zu gefährlich?

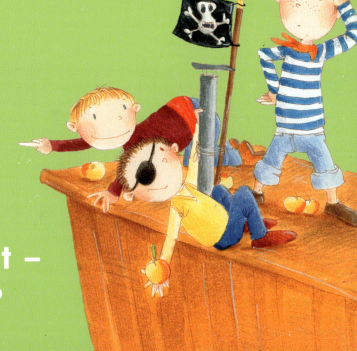

Mist gemacht – und dann?

Mächtig mutig!
Das Angst-weg-Buch

SPIELEN & LERNEN

Band 8
Velber-Verlag
© 2005 Family Media GmbH & Co. KG
Freiburg im Breisgau
2. Auflage 2007
Alle Rechte vorbehalten
Konzept und Text: Astrid Hille & Dina Schäfer
Illustrationen: Melanie Garanin
Layout: Anja Schmidt
Repro: Baun PrePress, Fellbach
Druck und Bindung: Proost, Belgien
ISBN 978-3-86613-285-6

SPIELEN & LERNEN

Mächtig mutig!

Das Angst-weg-Buch

Astrid Hille & Dina Schäfer
Melanie Garanin

Jch mag nicht allein sein

Jimmy macht Theater

Es klingelt an der Tür.
„Das muss Jrene sein", denkt Jimmy entsetzt.
Jrene ist der Babysitter. Die Eltern haben Jrene bestellt, weil sie heute Abend ins Theater wollen. Den ganzen Nachmittag hat Jimmy mit Jammern und Weinen versucht, die Eltern umzustimmen. Vergeblich. Sie sind fest entschlossen zu gehen.
„Blödes Theater", denkt Jimmy. „Jch will nicht alleine hier bleiben, wenn es dunkel ist. Und was mache ich, wenn Mama und Papa nicht mehr wiederkommen?" Ein letztes Mal bettelt Jimmy: „Jhr könnt mich doch einfach mitnehmen! Jch bin ganz still!"
Statt einer Antwort gibt ihm die Mutter einen Kuss auf die Wange und der Vater sagt sehr bestimmt: „Nein, das ist viel zu langweilig für dich. Du darfst dafür ganz lange mit Jrene spielen. Morgen ist ja Sonntag, da können wir alle ausschlafen."
Und dann ziehen sie ihre Mäntel an und gehen aus der Tür.
Jimmy spürt einen ganz dicken Kloß im Hals. Schnell rennt er in sein Zimmer und wirft sich aufs Bett.
„Wie können die mich hier einfach alleine lassen!", schluchzt er.

Plötzlich hört Jimmy im Wohnzimmer lautes Rascheln und Schieben.
Was soll denn das? Jetzt kann er noch nicht mal in Ruhe traurig sein!
„Noch keiner da? Kommt keiner mehr? Will denn nur der Hase zuschauen?", erklingt es von drüben.
„Was für ein Hase?", denkt Jimmy verwundert.
Leise läuft er auf den Flur und sieht ein schwarzes Plüschhäschen auf dem Fußboden. Und im Türrahmen ist ein wunderschöner Vorhang befestigt. Hinter dem Vorhang flüstert Jrene mit verstellter Stimme: „Der Hase ist immer noch ganz alleine. Ohne Zuschauer kann die Vorstellung nicht beginnen."
Ein Puppentheater!
Jimmys schlechte Laune ist plötzlich verschwunden, er rennt in sein Zimmer, packt Stofftiere und Plastikmännchen aus und setzt sie neben den Hasen.
Hinter dem Vorhang jubelt es:
„Endlich kommen Zuschauer! Sogar ganz viele!"
Jimmy gluckst und holt noch schnell seine Mickymaus-Hausschuhe, die sollen auch zuschauen.

Jetzt ist das Theater voll besetzt – und schon zieht eine Kasperlepuppe den Vorhang auf.
„Guten Tag, guten Abend, gute Nacht! Heute seht ihr: Großmutter und das gefräßige Krokodil!"
Dann wirft die Kasperlepuppe ein paar Gummibärchen ins Publikum und die Geschichte beginnt.
Als der Vorhang fällt, klatscht Jimmy laut Beifall.

„Jch will auch mitspielen!", ruft er, springt auf und schnappt sich die Räuberpuppe und den Polizisten ... Jetzt fühlt er sich überhaupt nicht mehr allein.
„Wenn Mama und Papa wüssten, wie schön u n s e r Theaterabend ist", denkt Jimmy später. „Morgen steh ich ganz früh auf und mach eine Sondervorstellung für sie ganz allein."

Eva Münnich

Ich mag nicht allein sein

Angstfresserchen

● Jimmy möchte nicht, dass Mama und Papa abends weg sind. Er hat Angst, allein zu sein, Angst vor der Dunkelheit und Angst, dass seine Eltern nicht wiederkommen.
• Hast du auch Angst, wenn du abends allein bist? Wovor?
• Versuch es auch mal mit Theaterspielen. Vielleicht kannst du dabei die Angst vergessen, so wie Jimmy.

● Oder du bastelst dir ein Angstfresserchen. Dem erzählst du alle Ängste. Das Angstfresserchen hat einen großen Mund und einen dicken Bauch und frisst deine Ängste einfach auf.
• Du brauchst Filz in verschiedenen Farben oder Karton und Buntstifte, außerdem eine Schere, Klebstoff und Faden ...

Ich mag nicht allein sein

Verkehrte Welt

Jetzt geht's einmal andersrum,
Jimmys Eltern gucken dumm.
Jimmy geht heut Abend aus,
kommt des Nachts erst spät nach Haus.

Die Eltern sitzen da und zittern,
fürchten sich vor schwarzen Rittern.
Schatten huschen an der Wand,
Papa greift nach Mamas Hand.

Um Mitternacht steht Jim im Flur.
„Wo sind denn meine Eltern nur?"

Sie hocken im Schrank –
Gott sei Dank!

Schattenspiel

- Jm Dunkeln können Schatten wie Tiere, Ritter, Monster oder Gespenster aussehen. Probier es aus. Jhr braucht eine Lampe, Decken, Kissen, Mützen und Stühle.

- Schlüpft unter die Decke, streckt einen Arm heraus – und schon erscheint ein Elefant an der Wand.

- Stellt Stühle zusammen, legt Decken darüber und setzt Mützen darauf.

- Steckt Klopapierrollen zusammen, hängt euch ein Betttuch über – schon seid ihr ein Monster mit Hörnern.

- Jhr könnt euch in immer neue Schatten verwandeln, unheimliche Geräusche machen und Schattentänze erfinden.
Und wenn es zu unheimlich wird, macht ihr einfach das Licht an.

Alles wird anders

Tina zieht nach Hamburg

„Warum müssen wir bloß nach Dings...burg umziehen?", fragt Tina missmutig, während sie ihre Spielsachen in eine große Kiste packt.
„Es heißt Hamburg und Papa soll dort arbeiten", erklärt Mama geduldig. „Aber das weißt du ja bereits."
„Jch will nicht weg von hier", denkt Tina und fühlt sich ganz unglücklich.

Hier darf sie schon alleine zu ihrer Oma. Sie kennt die Nachbarn und den Bäckerladen.
Tina fürchtet sich davor, woanders neu zu sein und fremd. Außerdem hat sie Angst, dass Annika dann nicht mehr ihre Freundin ist. Da kann Papa tausendmal von der schönen Gegend erzählen und wie nah sie an der Ostsee wohnen werden. Und dass Tina sicher schnell Freunde findet. Tina glaubt das nicht.
Betrübt denkt sie daran, wie sehr sie alles vermissen wird.
Darum geht sie am Nachmittag wehmütig zu dem Abschiedsfest, das Annika und ihre Mutter für sie organisieren.
Tina hat einen dicken Kloß im Hals. Die meisten Nachbarskinder sind gekommen und viele beneiden Tina.

„Jch würde auch gerne in einer großen Hafenstadt leben", schwärmt Matthias. Und Carmen fragt begeistert: „Bist du neugierig auf die Kinder dort?"
„Geht so", antwortet Tina leise. „Erst mal bin ich ganz allein."
„Aber nicht lange", sagt Annika. „Jn den Ferien besuche ich dich!"
Tina lächelt Annika froh an.
Sie machen viele lustige Spiele an diesem Nachmittag und für eine Weile vergisst Tina ihren Kummer. Doch als sie zum Abschied ein Geschenk von allen bekommt, muss sie fast weinen. Verlegen nimmt sie aus dem hübschen Karton die Schnur heraus, an der Papierblumen, Stoffmännchen und bunte Holzperlen baumeln.
„Jeder hat was für dich gebastelt", erklärt ein Kind. „Zum Trost – falls du dich einsam fühlst!"
„Das hänge ich gleich in meinem neuen Zimmer auf!", verspricht Tina.
Nachdem die anderen gegangen sind, gibt Annika Tina noch ein Geschenk.
„Du hast mir ein Ziehharmonika-Buch gemalt!" Tina freut sich.

Annika nickt. „Mit sechs Seiten. Für jede Woche eine ... und dann komme ich!" Sie tippt auf das letzte Blatt. Darauf klebt ein Foto von ihr und Tina.
„Das ist eine tolle Jdee", sagt Tina. „Hoffentlich ist es bald so weit."
„Ja, hoffentlich", sagt Annika. „Jch bin gespannt, was du in sechs Wochen zu erzählen hast." ...

... In Hamburg ist vieles anders für Tina. Sie kennt niemanden außer Mama und Papa. Und das neue Haus findet sie ungemütlich. Die Räume sind kahl und leer. Nur Umzugskartons stehen überall herum.
„Wo sind denn meine Spielsachen?", fragt Tina bedrückt.
„Weiß ich im Moment nicht", antwortet Papa. Er schleppt gerade eine schwere Kiste.
Tina fühlt sich schrecklich einsam. „Ich will wieder nach Hause!", schluchzt sie und drückt ihr Schmusekissen an sich. Da legt Mama den Arm um ihre Schultern. „Bald haben wir alles eingeräumt. Dann wird es sicher so schön wie zu Hause. Aber morgen schauen wir uns erst mal um, einverstanden?"
Tapfer lächelt Tina Mama an.

Am nächsten Tag gehen sie in die Einkaufsstraße. Sie ist nicht weit weg. Aber das lebhafte Treiben dort macht Tina Angst. „Hier finde ich mich ja nie zurecht!", jammert sie.
„Doch bestimmt", meint Mama.
In einem Gemüseladen kaufen sie Tomaten. Der freundliche Verkäufer schenkt Tina eine Paprika. Tina strahlt und flüstert: „Die Bäckersfrau daheim hat mir auch immer was geschenkt."
„Na siehst du!", sagt Mama.
Tina wird es leichter ums Herz. „Vielleicht ist es in Hamburg gar nicht so schlimm", überlegt sie. „Den Weg zum Gemüsehändler merke ich mir. Und mein Zimmer mache ich mir richtig gemütlich."
Jetzt hat Tina auch Lust, noch mehr kennen zu lernen. Staunend besichtigt sie mit Mama und Papa die Stadt.
Sie bewundert die große Kirche, die Michel heißt, die Alster, die mitten durch Hamburg fließt, und die Schiffe im Hafen. Und am Wochenende fahren sie an die Ostsee.
Tina kann es kaum erwarten, Annika alles zu zeigen. Ungeduldig blättert sie im Ziehharmonika-Buch und zählt die Wochen ...

Endlich ist es so weit! Juchzend begrüßt Tina ihre Freundin am Bahnhof. „Wie schön, dass du da bist. Ich muss dir so viel zeigen", sagt Tina.
Am Sonntag, ganz früh, gehen sie auf den Fischmarkt. Annika staunt über das Geschrei der Händler, die nicht nur Fisch verkaufen, sondern auch Bananen und Blumentöpfe. Die Aale sehen aus wie Riesenwürmer. Vor denen gruselt sie sich ein bisschen. Tina grinst. „Magst du lieber auf der Alster Paddelboot fahren?", fragt sie. „Viel lieber!" Annika lacht.
„Und zum Andenken kaufen wir dir ein Schiff in der Flasche", sagt Tina. „Das nennt man Buddelschiff."
„Au ja, das zeige ich den anderen zu Hause", antwortet Annika.
„Hast du eigentlich schon Freunde gefunden?", will sie dann wissen. Tina schüttelt den Kopf. „Aber nach den Ferien klappt das bestimmt!", sagt sie und ist sich ganz sicher.

Eva Karnetzky

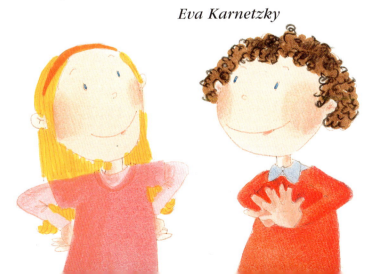

Alles wird anders

Ein Mut-mach-Paket ...

● Ein richtiges Mut-mach-Paket hat Tina von ihren Freunden bekommen. Möchtest du auch so ein Paket verschenken? Vielleicht ist ein Freund oder eine Freundin krank, oder du willst jemandem Mut machen, weil er allein in eine neue Kindergruppe gehen muss oder weil er in eine andere Stadt zieht.

● Du nimmst ein schönes Kästchen und beklebst es innen und außen mit buntem Papier. Da hinein kannst du einen schönen Stein und eine Murmel legen oder ein selbst gemachtes Puzzle.

● Wenn du jemanden längere Zeit nicht siehst, zum Beispiel einen Freund in den Sommerferien, kannst du ein Leporello zum Abschneiden basteln. Dann kann dein Freund genau sehen, wie lange es noch dauert, bis ihr euch wiederseht.

... und ein Mut-mach-Buch

● Du kannst auch für dich etwas machen, was dir hilft, wenn du alleine oder traurig bist. Nimm ein schönes Heft und beklebe oder bemale den Umschlag. Dann dürfen deine Freunde etwas hineinmalen, ein Foto dazukleben und unterschreiben. Dieses Heft schaust du dir an, wenn du Mut brauchst.

● Tina will gar nicht gerne nach Hamburg umziehen. Da ist alles anders und neu für sie, und etwas Neues kann Angst machen.
• Stell dir vor, ihr zieht um. Wovor hast du Angst? Bestimmt gibt es auch etwas, worauf du dich freuen kannst.
• Du kannst ein Bild malen und zeigen, was dir Angst macht, und ein Bild mit allem, worauf du dich freust oder was du dir wünschst.

Alles wird anders

Auf Entdeckung

● Am Anfang geht es Tina noch nicht so gut in der neuen Stadt. Aber dann merkt sie, dass es in Hamburg viel zu sehen gibt.
● Als Annika zu Besuch kommt, will Tina ihr alles zeigen.
Kannst du entdecken, wo Tina mit der Freundin hingeht?
Auf diesem Bild sind die beiden siebenmal versteckt.

Das Leben geht weiter

Das tote Vögelchen

Markus hilft bei der Gartenarbeit. Zusammen mit Mama gießt er Blumen, streut Samen aufs Gemüsebeet und schaufelt Erde in Töpfe.
Dann läuft er zur Gartenhecke, um Unkraut zu zupfen. Aber was ist das? Vor der Hecke sieht Markus etwas Kleines, Helles im Gras. Es bewegt sich nicht. Neugierig bückt Markus sich. Jetzt erkennt er einen winzigen Kopf und einen Schnabel.
„Mama, komm mal!", ruft Markus aufgeregt. „Hier liegt ein kleiner Vogel ... mit ganz wenig Federn!"
Mama betrachtet ihn kurz: „Er ist wohl aus seinem Nest gefallen."
„Genau!", denkt Markus. „Er ist ja noch ein Baby." – „Am besten suchen wir das Nest und legen ihn wieder hinein", schlägt er vor.
„Das geht nicht", sagt Mama sanft und streicht Markus über die Haare.
„Weil er – tot ist?", fragt Markus stockend. Als Mama nickt, schießen ihm Tränen in die Augen.

„Er konnte noch nicht mal richtig fliegen", murmelt er traurig. Tröstend nimmt Mama Markus in den Arm.
Nach einer Weile fragt sie liebevoll: „Hilfst du mir, ihn zu beerdigen?"
„Klar!", schnieft Markus und holt seine Schaufel.
Gemeinsam begraben sie den Vogel an der Hecke. Auf das Grab legt Markus einen hübschen Stein und er steckt ein Kreuz aus Zweigen in die Erde. Jetzt ist ihm etwas leichter ums Herz.

Doch am Abend im Bett kann Markus nicht einschlafen. Mama liest ihm schon die zweite Gutenachtgeschichte vor. Markus hört gar nicht richtig zu. Dauernd muss er an den kleinen toten Vogel denken.

„Er war erst so kurz auf der Welt und hat gar nicht viel erlebt. Nicht einmal fliegen konnte er lernen." Das findet Markus ungerecht.

Er will einmal Schiffskapitän werden oder Astronaut. „Aber es dauert ja noch so lange, bis ich groß bin", überlegt er. Und plötzlich bekommt Markus Panik. Jhm wird ganz heiß. Ängstlich lugt er über die Bettkante. Mama beobachtet ihn verwundert. „Suchst du was?", will sie wissen. Markus schüttelt den Kopf. „Jch will nicht aus dem Bett fallen und sterben wie der kleine Vogel!", schluchzt er. Mama drückt Markus fest an sich. „Du stirbst doch nicht, wenn du aus dem Bett fällst", beruhigt sie ihn. „Schau, es ist gar nicht hoch. Mit der Hand kannst du ganz leicht den Boden erreichen."

Zögernd streckt Markus seinen Arm aus. Stimmt! An den Fingerspitzen spürt er den flauschigen Teppich.

„Und ich bin wirklich nicht tot, wenn ich da runterfalle?", fragt Markus unsicher.
„Nein", sagt Mama überzeugend.
„Wirklich nicht!"
Markus atmet erleichtert auf und kuschelt sich unter die Bettdecke.
„Du kannst ja trotzdem den großen Stofflöwen vor mein Bett legen", sagt er. „Sicherheitshalber!"
„Von mir aus", sagt Mama lächelnd und holt den Löwen aus der Spielzeugecke.

Eva Karnetzky

Das Leben geht weiter

Ein Bild für den Vogel

● Markus und seine Mutter begraben das Vögelchen und gestalten zur Erinnerung ein schönes Grab.
Es ist gut, einen Ort zu haben, wo man an die Verstorbenen denken und ihnen nah sein kann.

Am nächsten Tag muss Markus noch oft an das tote Vögelchen denken. Er malt ein Bild mit all seinen Wünschen und Gedanken für das tote Vögelchen.
● Magst du auch ein Bild für den toten Vogel malen? Vielleicht ist er jetzt ein kleiner bunter Paradiesvogel. Oder du wünschst ihm viele Farben: das warme Gelb der Sonne, das helle Blau des Himmels und das kräftige Grün der Bäume.

Das Leben geht weiter

Ein schönes Nest

● Der Tod des Vögelchens macht Markus Angst. Wenn er auch so früh stirbt, kann er nicht Astronaut werden.
Aber seine Mama tröstet ihn, und außerdem passt sein Löwe auf, dass ihm nichts passiert.
So fühlt sich Markus in seinem Bett wie in einem sicheren Nest.

● Du kannst dir auch ein Nest oder eine Höhle bauen, wo du dich ganz sicher fühlst.
Nimm Kissen, Decken und Kuscheltiere und mach aus deinem Bett ein gemütliches Nest.

- Das kleine Vögelchen, das Markus gefunden hat, ist aus dem Nest gefallen. Aber was machen seine drei Geschwister?
- Schau dir die Bilder hier an, dann siehst du, wie die Geschichte der Geschwister weitergeht.

1. Zuerst sind die Vögelchen ängstlich und traurig, denn einer fehlt.

2. Trotzdem müssen sie fliegen lernen. Denn bald sind sie zu groß für das Nest ...

3. ... und im Herbst müssen sie in den Süden fliegen.

4. Jm Frühjahr kommen sie zurück. Auf dem Grab wachsen nun Blumen.

5. Die drei bauen sich eigene Nester. Ein Nest sieht besonders schön aus.

Lasst ihr euch jetzt scheiden?

Habt ihr euch noch lieb?

Beim Frühstück ist heute dicke Luft. Zuerst streiten Mama und Papa laut. Dann reden sie kein einziges Wort miteinander. Mürrisch starren sie vor sich hin.
Steffi weiß nicht, wie sie sich verhalten soll. Bedrückt stochert sie in ihrem Müsli und schielt von einem zum anderen.

Plötzlich springt Papa auf und knallt die Haustür hinter sich zu. Nur Steffi hat er einen Abschiedskuss gegeben. Wie sonst auch, wenn er zur Arbeit geht.
Mama schaut ihm wütend nach. Und Steffi ist ganz durcheinander. Wie erstarrt sitzt sie da. Auf einmal hat sie Angst und ein scheußliches Gefühl im Bauch.

Ob Mama und Papa sich jetzt scheiden lassen? Wie die Eltern von Nina? Bei dem Gedanken schießen Steffi Tränen in die Augen.
Sie schreit: „Jch will das aber nicht!"
„Was willst du nicht?", fragt Mama verdutzt.
„Dass ihr euch scheiden lasst!", schluchzt Steffi.
„Unsinn!", sagt Mama. „Wie kommst du denn darauf?"
„So halt", sagt Steffi und ist trotzig, weil Mama sie nicht ernst nimmt!

Nachdenklich trottet Steffi zur Schule. Ob Mama und Papa sich wieder versöhnen, überlegt sie traurig.
Steffi kann an nichts anderes mehr denken. Plötzlich hat sie eine Jdee! Bestimmt hilft Timo ihr! Er ist zwei Jahre älter und ihr Freund.
Steffi findet Timo auf dem Schulhof. Geheimnisvoll sagt sie: „Wir müssen Versöhnungsbriefe schreiben!"
„Wieso?", wundert sich Timo. „Wir haben doch gar nicht gestritten."
„Aber meine Eltern!", erklärt Steffi.
Sie reißt zwei Blätter aus ihrem Schulheft und bittet Timo: „Schreibst du?"
„Und was?", will Timo wissen.

Steffi diktiert:
„Mein lieber Schatz!
Entschuldigung wegen heute morgen.
Bitte ärgere dich nicht mehr.
Viele Küsse
dein Schmusebär".
Auf das zweite Blatt schreibt Timo:
„Lieber Schmusebär!
Jch möchte mich wieder mit dir versöhnen,
weil ich dich sehr lieb habe.
Deine Kuschelmaus".

„Kuschelmaus und Schmusebär!", kichert Timo. „Das ist ja wie im Zoo."
„Na und?", sagt Steffi und steckt die Briefe in ihre Jackentasche.

Als sie am Mittag nach Hause kommt, sitzen Mama und Papa schon am Tisch. Steffi streckt jedem einen Zettel hin und murmelt: „Post für euch!" Erstaunt lesen Papa und Mama was darauf steht.

Papa schmunzelt zuerst. „Ein sehr lieber Brief", sagt er.
„Was steht denn drin?", fragt Steffi und grinst.
„Dass man sich manchmal dumm benimmt", sagt Papa.
„Und dass sich lieb haben schöner ist als streiten", sagt Mama.
Erleichtert schaut Steffi die beiden an und lacht. „Finde ich auch!"

Eva Karnetzky

Lasst ihr euch jetzt scheiden?

Versöhnungsbriefe

● Steffi hat Angst, dass sich ihre Eltern nach dem Streit nicht mehr lieb haben und sich scheiden lassen so wie Ninas Eltern. Aber Streit muss nicht zu Trennung oder Scheidung führen. Du hast dich sicher auch schon oft mit Freunden gestritten und hinterher habt ihr wieder zusammen gespielt. Gut ist es, wenn man nach einem Streit bald wieder miteinander redet so wie Steffis Eltern.

● Manchmal ist es nicht einfach, nach einem Streit auf den anderen zuzugehen und ihn anzusprechen. Doch es gibt noch mehr Möglichkeiten zu zeigen, dass du dich wieder vertragen willst:
• Das können Versöhnungsbriefchen sein – so wie Steffi sie für die Eltern geschrieben hat.

Jn ein Briefchen kannst du das, was du sagen möchtest, hineinmalen oder -kleben.

• Du kannst auch ein kleines Geschenk machen: ein selbst gemaltes Bild oder etwas, was dir wichtig ist und dem anderen gut gefällt.

Lasst ihr euch jetzt scheiden?

So viele verschiedene Familien

● Steffis Freundin Nina wohnt mit ihrer Mutter und ihrem großen Hund zusammen. Ninas Eltern haben sich scheiden lassen. Sie haben viel gestritten und sich einfach nicht mehr verstanden.

Dann ist Ninas Papa ausgezogen. Seit die Eltern getrennt leben, geht es Nina wieder besser, denn die Streitereien fand sie nervig.

Jetzt hat Nina zwei Familien:

Das ist Nina mit Mama und Puschel. Manchmal kommt Mamas Freund Klaus zu Besuch.

Das ist Nina mit Papa und seiner neuen Frau. Sie heißt Karin und hat vier Kinder.

● Jn diesem großen Haus leben ganz verschiedene Familien.
• Findest du Ninas Freund Lukas? Lukas lebt mit seinem Papa zusammen.
• Tim wohnt bei Mama und Oma.
• Marie wohnt in einer großen Wohnung. Hier gibt es drei Mamas und fünf Kinder.

● Du kannst auch ein großes Haus malen. Darin könnten deine Familie und die Familien deiner Freunde wohnen.

Jmmer weißt du alles besser!

Hopsi kann pupsen

Kathi sitzt mit ihrer besten Freundin Mara auf dem Rasen hinterm Haus. Sie spielen mit Hopsi, Kathis kleinem Hasen. Sie füttern ihn mit Möhren und Kohlrabiblättern. Die mag Hopsi besonders gern. Aufgeregt hüpft er zwischen den beiden Mädchen hin und her.
Die Mädchen kichern. Sie haben viel Spaß dabei.

Plötzlich rümpft Mara die Nase. „Puh, wie das stinkt. Eklig! Hast du etwa gepupst?" Sie schaut Kathi grinsend an. „Jch? Nein, das war ich nicht. Das war Hopsi", sagt Kathi und deutet auf den Hasen.
„Quatsch!" Mara schüttelt energisch den Kopf. „Hasen können nicht pupsen. Und schon gar nicht so stinkig. Doofe Ausrede."

Typisch Mara, immer weiß sie alles besser. Egal, worum es geht, Mara hat immer das letzte Wort. Kathi hat sich schon oft darüber geärgert, aber sie hat noch nie widersprochen. Sie hat sich einfach nicht getraut, weil sie Angst vor einem Streit hat – und davor, dass Mara dann nicht mehr ihre Freundin sein will. Mara sagt nämlich immer, echte Freunde streiten sich nicht.
Aber jetzt hat Mara wirklich unrecht. Kathi weiß das ganz genau, denn Hopsi hat schon oft gepupst.
Kathi ist so aufgeregt, dass sie einen roten Kopf bekommt. Das mit der Ausrede will sie nicht auf sich sitzen lassen. Also nimmt sie ihren ganzen Mut zusammen, holt tief Luft und sagt mit bebender Stimme: „Das ist keine Ausrede. Hopsi kann wirklich pupsen. Jch hab das schon ganz oft gehört – und gerochen."
Mara sieht Kathi überrascht an und sagt erst mal gar nichts.
„Au weia", denkt Kathi und schaut schnell zu Hopsi, der gerade eine Löwenzahnblüte verspeist.
„Was Mara jetzt wohl von mir denkt? Bestimmt ist sie sauer auf mich."
Kathi wartet. Aber Mara sagt immer noch nichts. Sie runzelt die Stirn und blickt nachdenklich erst auf Kathi, dann auf Hopsi. Ganz langsam hellt sich ihre Miene auf. Mara grinst, dann lacht sie. Sie lacht so laut, dass ihr die Tränen in die Augen steigen. Hopsi macht erschrocken ein paar Hüpfer zur Seite und Kathi schaut ihre Freundin verwirrt an.
Mara kann sich gar nicht wieder beruhigen. „Dann, dann sollten wir ... hi-hi ... dann ... ha-ha ..." Sie gluckst und schnieft und wischt sich über die tränennassen Augen. Schließlich nimmt Mara Hopsi auf den Arm und hält ihn so hoch, dass sie ihm genau in die Augen sehen kann. „Mein lieber Hopsi", sagt Mara und grinst verschmitzt, „ich glaube, wir nennen dich von heute an Pupsi."

Sabine Streufert

Jmmer weißt du alles besser!

Besserwisserspiel

● Kathi mag Mara nicht widersprechen. Denn die weiß immer alles besser. Besserwisser können einem das Leben ganz schön schwer machen. Sie wollen immer Recht behalten, selbst wenn das, was sie sagen, gar nicht stimmt. Manchmal drohen sie sogar, eine Freundschaft zu beenden, wenn der andere widerspricht. Trotzdem solltest du sagen, was du denkst. Das ist nicht einfach, aber du kannst es üben: Spiel mit einem Freund das Besserwisserspiel.

● Zuerst bastelt ihr eine Besserwissermaske. Dafür braucht ihr farbigen Karton, Schere, Band und Stifte.

● Jeder sucht einen Gegenstand und versteckt ihn hinter dem Rücken, denn der andere darf ihn nicht sehen.

● Jetzt geht es los. Einer setzt die Besserwissermaske auf, dann stellt ihr euch einander gegenüber. Der Spieler ohne Maske fängt an. Mit lauter Stimme redet er über das, was er hinter seinem Rücken versteckt, ohne zu sagen, was es ist. Der Besserwisser widerspricht und redet über das, was er hinter seinem Rücken hat.

- Bei der nächsten Runde tauscht ihr die Rollen.
Jeder darf einmal der Besserwisser sein und der andere muss üben, bei seiner Meinung zu bleiben.
Wie fühlt ihr euch dabei?

Ist das zu gefährlich?

Von oben sieht man das Meer

„Ich hab schon Freunde gefunden", erzählt Stefan beim Mittagessen.
„Sie heißen Heiko und Jan."
Mama und Papa freuen sich.
Seit gestern sind sie hier in der Feriensiedlung ein paar Kilometer weg vom Meer.
Weil die Eltern erst morgen an den Strand fahren wollen, strolcht Stefan am Nachmittag mit Heiko und Jan durch die Gegend. Heiko kennt eine Stelle, wo sich Eidechsen auf einem Stein sonnen.
„Wir müssen schleichen", flüstert Heiko.
„Sonst hauen sie nullkommanix ab."
Vorsichtig gehen die Jungen näher.
„Mann, sind das viele", sagt Jan leise.
Auch Stefan staunt.
Doch dann stolpert er aus Versehen – und die Eidechsen flitzen erschreckt davon.
„Kannst du nicht aufpassen!", schimpft Heiko.
Stefan zuckt mit den Schultern.
„War doch keine Absicht!", murmelt er.

„Dauernd Eidechsen anschauen ist sowieso langweilig", sagt Jan.
„Ich würde lieber da drüben hochklettern." Er zeigt auf einen Felshang ganz in der Nähe.
„Super Vorschlag!", sagt Heiko. „Von oben sieht man bestimmt das Meer."
Auch Stefan ist begeistert und schon laufen die drei los. Doch als sie vor dem Felshang stehen, sind sie überrascht, wie steil es hinaufgeht.
Stefans Herz fängt wild an zu pochen.
„Ganz schön gefährlich!", denkt er.
Heimlich guckt er zu den anderen.
„Wahrscheinlich ist es gar nicht so schwierig", meint Jan und steigt schon mal ein Stück nach oben.
Heiko kraxelt hinter ihm her.

„Vielleicht gibt es noch einen anderen Weg", überlegt Stefan.
Da entdeckt er eine schmale Spur, die sich den Berg hinaufschlängelt.
Neugierig folgt Stefan dem Pfad.
Er führt immer weiter nach oben.
Und dann – Stefan traut seinen Augen kaum – sieht er in der Ferne das Meer!
Er hat es geschafft!
„Aber wo sind Heiko und Jan?", wundert er sich.
Endlich entdeckt Stefan die beiden. Sie sitzen schnaufend hinter einem Stein. Heiko tupft sich mit einem Taschentuch Blut vom Arm.
„Hast du dich verletzt?", fragt Stefan.
Heiko und Jan starren den Freund verblüfft an.
„Ja", brummt Heiko. „Der Aufstieg war doch nicht so leicht. Aber wo kommst du auf einmal her?"
„Da hinten ist ein kleiner Weg", antwortet Stefan.
„Echt?", sagt Heiko erleichtert.
„Zeigst du uns den Weg? Vom Klettern hab ich heute nämlich genug!"
Stefan lacht. „Das verstehe ich gut!"
Und stolz fügt er hinzu: „Also, dann mir nach!"

Eva Karnetzky

Nur Stefan steht wie angewurzelt da. Seine Hände sind nass vor Angst.
„Na los, Stefan, komm!", ruft Heiko.
„Jch weiß nicht", sagt Stefan unsicher.
Er ist hin und her gerissen.
Er will ja mitmachen und kein Feigling sein. Aber er traut sich einfach nicht!

Ist das zu gefährlich?

Der beste Weg

• Stefan hatte Angst, hinter Heiko herzuklettern. Und das war gut! Denn der steile Abhang war ganz schön gefährlich.
Stefan war mutig: Er hat zugegeben, dass er Angst hat.
Und er war klug: Er hat einen anderen Weg gefunden.

• Jan und Laura wollen den sichersten Weg zum Zirkus finden. Sie müssen genau hinschauen.

• Kannst du ihnen helfen, den sichersten Weg zu finden?

• Welcher Weg ist für dich der beste? Vielleicht kannst du sehr gut schwimmen, aber nicht gut klettern ...
An den Kreuzungen kannst du den Weg wechseln.

Mist gemacht – und dann?
Apfel-Piraten

Tom, Lars und Florian sind heute wilde Piraten. Das Dach des Gartenhauses ist ihr Schiff. Den Proviant für die Fahrt haben die drei vom Apfelbaum der Nachbarin erbeutet. Natürlich ohne zu fragen. Wie echte Piraten.
Auf einmal steht Toms Mutter im Garten.
„Tom!", ruft sie verärgert und hält einen angebissenen Apfel hoch.
„Ihr habt doch nicht etwa die letzten Äpfel aus Oma Krauses Garten genommen?"
Lars und Florian haben es plötzlich sehr eilig. „Also, wir ... wir müssen jetzt los", stammeln sie, springen vom Dach des Gartenhauses und schwingen sich auf ihre Fahrräder.
„Moment." Toms Mutter versperrt ihnen den Weg. „Wessen Jdee war das?"
„Toms Jdee", sagt Florian schnell und Lars nickt.
„Das stimmt nicht!", ruft Tom von oben. „Lars hat ..." Weiter kommt er nicht, denn seine Freunde sausen schon die Auffahrt hinunter.
„Hier ist ja wohl eine Entschuldigung bei Oma Krause angebracht", sagt Toms Mutter und schaut den beiden Jungen kopfschüttelnd nach. „Echte Piraten stehen zu ihren Schandtaten."

Auf einmal ist sich Tom gar nicht mehr sicher, ob er wirklich ein echter Pirat sein möchte.
Aber es hilft nichts.

Mit klopfendem Herzen und roten Ohren steht er wenig später vor Oma Krauses Haustür.
Die Türglocke schrillt in seinen Ohren wie ein Vorbote des „Donnerwetters", das ihm bestimmt gleich droht.
„Hoffentlich ist niemand zu Hause", denkt er ...

... aber da öffnet Oma Krause schon die Tür.
„Hallo Tom", sagt sie freundlich. „Was möchtest du?"
Tom bekommt keinen Ton heraus. Er starrt verlegen zu Boden. Seine Wangen glühen und sein Herz pocht heftig.

„Also ...", sagt er langsam und dreht seinen Turnschuh auf der Fußmatte hin und her. „Jch ... ich wollte ... also ähm ... mich entschuldigen – wegen der Äpfel. Die haben wir nämlich von Jhrem Apfelbaum gepflückt."
„Meine Äpfel?" Oma Krause schaut Tom stirnrunzelnd an. „Das hätte ich nicht von dir gedacht."
Tom holt noch einmal tief Luft. Dann erzählt er Oma Krause die ganze Geschichte von den Piraten, von dem erbeuteten Proviant und dem Taschengeld, das er mitgebracht hat, um die Äpfel zu bezahlen.
Die alte Dame hört mit ernster Miene zu und unterbricht ihn nicht.
„Etwas aus fremden Gärten klauen ist wirklich nicht schön. Aber ich finde es mutig, dass du kommst um dich zu entschuldigen."
Oma Krause denkt nach.
„Dein Taschengeld darfst du behalten – aber du musst mir versprechen, dass du das nächste Mal fragst, wenn ihr Appetit auf meine Äpfel bekommt."
„Versprochen!", sagt Tom erleichtert und hebt die Hand hoch. „Großes Piratenehrenwort."

Sabine Streufert

Mist gemacht – und dann?

Schlechtes Gewissen

- Tom hatte ein flaues Gefühl im Bauch, aber er war mutig und hat bei Oma Krause geklingelt.
- Hast du schon einmal etwas angestellt und dich kaum getraut es zuzugeben? Konntest du es wieder gutmachen?

- Jeder hat schon Mist gemacht, auch deine Eltern, Tanten und Onkel. Frag sie, wie es ausging.

- Wie ist das mit einem schlechten Gewissen? Man ist zerknirscht, fühlt sich klein, will nicht gesehen werden.

- Wie läuft man mit schlechtem Gewissen herum? Probier es vor dem Spiegel aus: Wie bewegt man sich? Was für ein Gesicht macht man?

- Wie sieht es aus, wenn man Mut fasst, sich aufrichtet und Luft holt.

- Wenn man sich getraut hat, alles zuzugeben, fühlt man sich meist besser.
Wie stehst du jetzt da?

Mist gemacht – und dann?

Feige Piraten?

● Was denkst du über Lars und Florian? Sie waren beim Äpfelklauen dabei und haben ihren Freund dann einfach im Stich gelassen.
Die beiden sind feige Piraten. Sie müssen sich zweimal entschuldigen: einmal bei Tom und einmal bei Oma Krause.

● Schau dir die Bilder an und erzähl die Geschichte. Wie könnte die Geschichte ausgehen? Denke dir ein Ende aus. Du kannst auch ein Bild davon malen.

SPiELEN & LERNEN

In der „SPiELEN & LERNEN"-Förderreihe sind bereits folgende Titel erschienen:

So bin ich – Einmalig, selbstbewusst und stark
JSBN 978-3-86613-244-3

Wohin läuft die Zeit? – Jahr und Monat, Tag und Stunde
JSBN 978-3-86613-245-0

Du und ich – Sich verstehen, sich vertragen
JSBN 978-3-89858-246-9

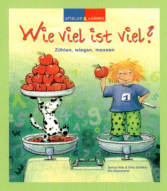
Wie viel ist viel? Zählen, wiegen, messen
JSBN 978-3-86613-247-4

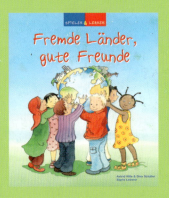
Fremde Länder, gute Freunde
JSBN 978-3-86613-273-3

Was mein Körper alles kann
JSBN 978-3-89858-272-8

Wer ist wie? – So sind Mädchen – so sind Jungen
JSBN 978-3-89858-284-1

Mächtig mutig! Das Angst-weg-Buch
JSBN 978-3-86613-285-6

Mir gehts gut! Mein Gesund-und-munter-Buch
JSBN 978-3-86613-298-6

Hast du Worte? – Spielend leicht sprechen und erzählen
JSBN 978-3-86613-299-3

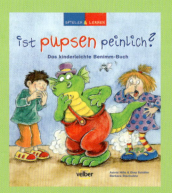
Jst pupsen peinlich? Das kinderleichte Benimm-Buch
JSBN 978-3-86613-510-9

Voll dabei! – Konzentration spielend leicht
JSBN 978-3-86613-511-6